15

U0874629

供电企业生产技能人员标准化作业培训教材

干式电流互感器例行检修试验

福建省电力有限公司　组编

输变电

中国电力出版社
CHINA ELECTRIC POWER PRESS

内 容 提 要

本册书是按照《供电企业生产技能人员标准化作业培训教材》体系的要求，结合生产实际编写而成。本册书共分为两大部分，第一部分介绍干式电流互感器例行检修、试验的标准化作业内容，主要包括例行检修和试验标准化作业的工作流程、安全风险与预控、工作质量标准与控制等内容，并结合干式电流互感器例行检修、试验实际案例，对例行检修和试验操作要点、关键步骤的控制、安全注意事项、管理要求等进行了具体分析。第二部分主要介绍了实际作业案例相关的标准化作业文本。

本册书作者都是长期从事电力生产一线的员工，有较为丰富的现场实际经验，所列举的案例在实际生产过程中较为典型，具有较强的生产现场指导意义。本册书可作为供电企业电网输变电工作人员的培训教学用书，也可作为电力职业院校教学参考用书。

图书在版编目（CIP）数据

供电企业生产技能人员标准化作业培训教材. 输变电/福建省电力有限公司组编. —北京：中国电力出版社，2012.12
ISBN 978-7-5123-3810-4

Ⅰ. ①供… Ⅱ. ①福… Ⅲ. ①供电－工业企业管理－标准化管理－中国－技术培训－教材 ②输电－电力系统－技术培训－教材 ③变电所－电力系统－技术培训－教材 Ⅳ. ①F426.61

中国版本图书馆 CIP 数据核字（2012）第 287838 号

中国电力出版社出版、发行
（北京市东城区北京站西街 19 号 100005 http://www.cepp.sgcc.com.cn）
北京九天众诚印刷有限公司印刷
各地新华书店经售
*
2013 年 1 月第一版 2013 年 1 月北京第一次印刷
787 毫米×1092 毫米 16 开本 84 印张 1766 千字
全册定价 **232.00** 元

编　委　会

主　　任　张　磊

副 主 任　陈卫中　李功新

成　　员　叶继宏　郑佩祥　黄文英　金昌榕　于建龙

任晓辉　邱兴平　陈大凤　张　荣　洪西卿

姚　亮　林　平　宋福海　连纪文　罗　松

林　宇　林　赟

编　写　组

主　　编　李功新

副 主 编　叶继宏　金昌榕　陈大凤　张　荣

编写组组长　林　平

成　　员　（按姓氏笔画排序）

王全兴　王恒山　叶立群　叶色亮　朱　菁

庄　严　庄沪生　刘志平　严有祥　李　春

李　超　李勇明　李积捷　李萌峰　杨文陵

杨志豪　杨建平　杨毓庆　连鸿松　肖颂勇

吴　达　吴志成　吴奇宝　吴辉煌　吴簪麟

邱振敏　沈明松　沈谢林　张绍明　陈　影

陈艺鑫　陈日坤　陈祥舒　陈朝晖　陈德兴

林　衡　林一泓　林志敏　林志强　林轶群

林海渊　欧世尧　欧永连　罗　松　罗　毅

金建宁　郑哲人　郑雄俊　郑黎斐　赵道阳

施　纬　施广宇　洪西卿　钱志立　翁晓锋

涂恩来　黄　亮　黄国敏　董　磊　傅智为

潘晨曦

前言

preface

为了更好地服务“五大”体系建设，提升生产技能人员良好的“职业化”行为习惯，建立与现场标准化作业生产环境一致的培训课程体系，福建省电力有限公司以现场标准化作业指导书为蓝本，组织开展生产技能标准化作业培训教材的编写工作。为确保教材的编写质量和进度，由总工程师李功新主抓此项工作，多次召集工作协调会，定期听取编写进度汇报；人力资源部负责教材编写的组织工作，运维检修部、科技信通部和调度控制中心负责教材编写的具体工作，福建省电力有限公司和基层单位技术专家组成教材编写与审定小组，公司培训中心负责教材编写框架和编写规范的制订、编写进度跟踪及其他协调工作。

本套教材集中了福建省电力有限公司众多专家学者的智慧，采用了全新的组织架构，突出了基于现场标准化作业的培训特色。本套教材分为配电专业、输变电专业和二次专业三本书，包括91项现场标准化作业项目（子分册），具有很强的针对性和实用性。各项目（子分册）分为两部分：第一部分介绍了各项目的工作流程、工作质量标准与控制、危险点分析与预控、管理与记录要求、作业案例等；第二部分罗列了标准化作业指导书等标准化作业文本，并结合第一部分的作业案例说明了标准化文本的填写规范。部分项目（子分册）还在附录部分对设备等内容进行了说明。

其中，配电专业分为架空线路、配电设备、计量装置及其他设备，由福建省电力有限公司运维检修部高级工程师姚亮担任编写组长，福州电业局、厦门电业局、莆田电业局、泉州电业局、漳州电业局、龙岩电业局、三明电业局、南平电业局、宁德电业局、福清电力公司、石狮电力公司、晋江电力公司、南安电力公司、长乐电力公司等单位的专家参与编写工作。输变电专业分为开关类、线圈类和架空线路及电缆，由福建省电力有限公司运维检修部高级工程师林平担任编写组长，福建省电力科学研究院、检修分公司、福州电业局、厦门电业局、莆田电业局、泉州电业局、漳州电业局、龙岩电业局、三明电业局等单位的专家参与编写工作。二次专业分为继电保护、综合自动化、直流系统和电力通信，由福建省电力有限公司调度控制中心高级工程师宋福海、科技信通部高级工程师连纪文担任编写组长，福建省电力科学研究院、检修分公司、信息通信分公司、福州电业局、厦门电业局、莆田电业局、泉州电业局、龙岩电业局、三明电业局、南平电业局等单位的专家参与编写工作。

本册由福建省电力有限公司运维检修部陈新担任编写组长，漳州电业局陈艺鑫、福建省电力科学研究院施广宇主要编写，漳州电业局欧永连、陈祥舒、钱志立等参与编写，福建省电力科学研究院涂恩来、连鸿松、福建省电力检修公司吴达、厦门电业局刘志平、莆田电业局罗毅、泉州电业局沈谢林、王恒山、南平电业局杨建平、三明电业局李勇明等参审。

本教材在编写、审定过程中得到了福建省电力有限公司有关单位领导和专家的大力支持和帮助，在此一并感谢。同时，也感谢中国电力出版社的大力支持。

由于编者能力所限及编写时间仓促，难免存在疏漏之处，恳请各位专家和读者提出宝贵意见。

目录 contents

第一部分

标准化作业培训

1 作业描述

根据干式电流互感器例行检修、试验的标准化作业指导书的内容介绍干式电流互感器例行检修、试验的工作流程和质量标准要求。通过流程介绍和列表说明，掌握干式电流互感器例行检修、试验所需工器具、材料、工作流程、质量标准、作业中的危险点预控、操作步骤、管理要求等内容。

2 工作流程

干式电流互感器例行检修试验的工作流程如图 1-1 所示。

3 工作质量标准与控制

3.1 引用标准

GB 1208—2006　《电流互感器》

DL/T 727—2000　《互感器运行检修导则》

Q/GDW 168—2008　《输变电设备状态检修试验规程》

国家电网生技〔2005〕173 号　《110（66）kV～500kV 互感器检修规范》

3.2 质量控制

3.2.1 外观清扫检查

三相标示牌清晰完整，外绝缘表面清洁，无破损、无老化、无裂纹及放电痕迹。金属铁件部分无锈蚀现象，相序漆指示明显，无脱落现象。

3.2.2 各引接线头检查

各引线接触面无裂痕，光滑平整，接触良好，引接线头螺丝紧固无松动过热现象，接线应紧固。

3.2.3 检查互感器二次接线盒、末屏接地检查

二次端子箱接线应牢固，二次端子箱箱门密封应良好。

二次电缆出线处防火封堵应密封良好，末屏接地良好。

3.2.4 TA 本体接地检查

设备底座有双接地且应可靠接地。

3.2.5 其他常态维护（相色油漆、除锈补漆、热缩包扎、缺陷处理）

除锈后应先用防锈漆再用银粉漆，刷漆应均匀，相色漆应正确美观。

3.2.6 绝缘电阻测量

3.2.6.1 试验接线

试验接线如图 1-2、图 1-3 所示。

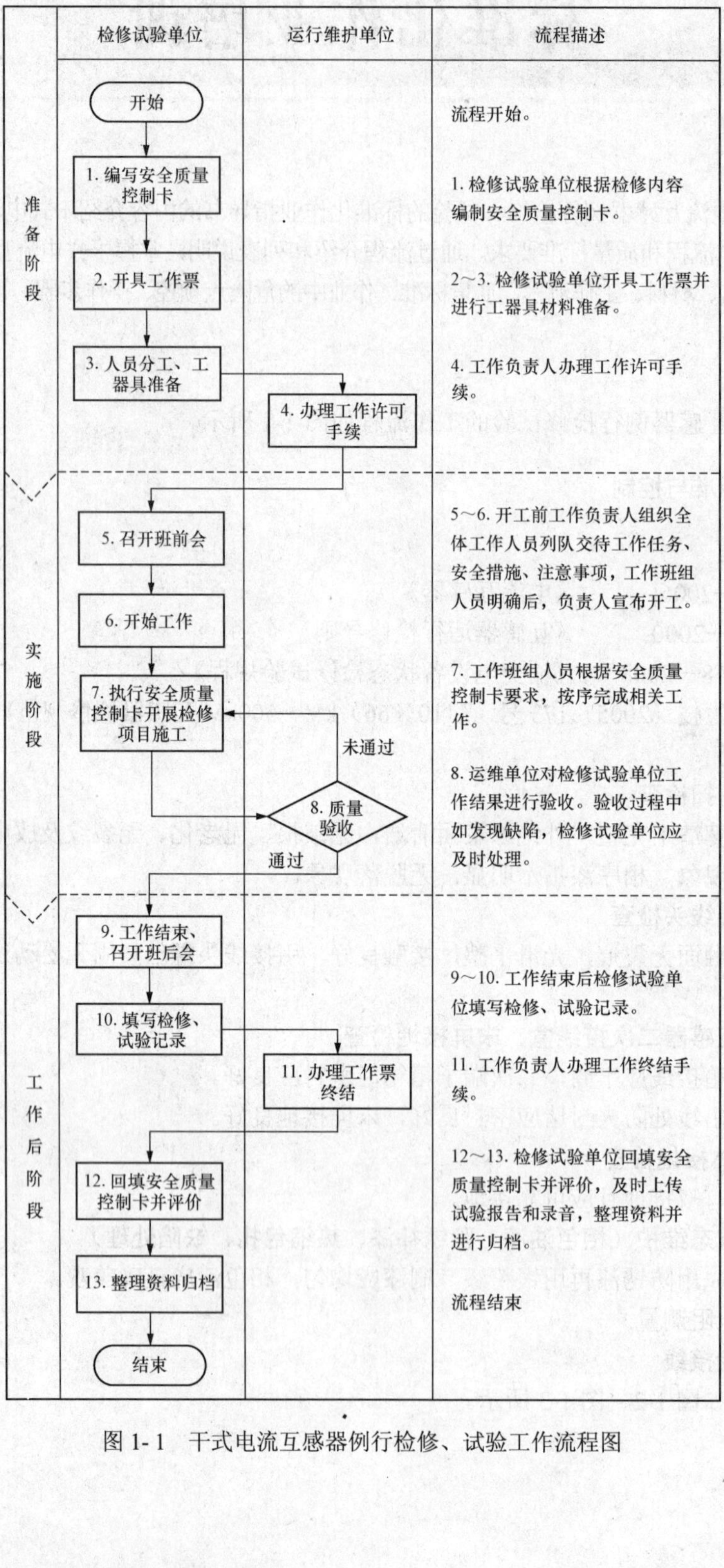

图 1-1　干式电流互感器例行检修、试验工作流程图

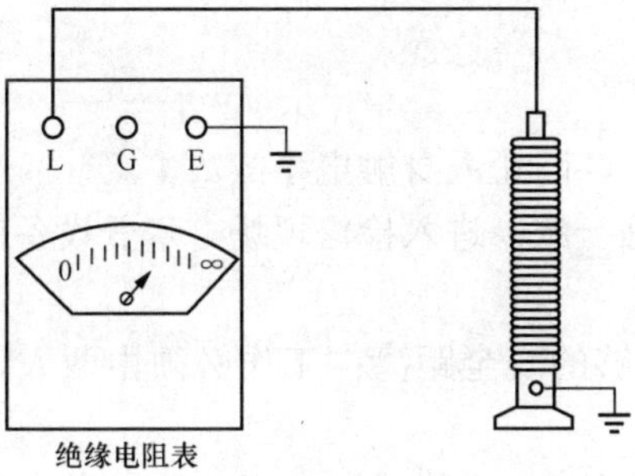

图 1-2　一次绕组对二次绕组及地绝缘电阻试验接线（底座接地）

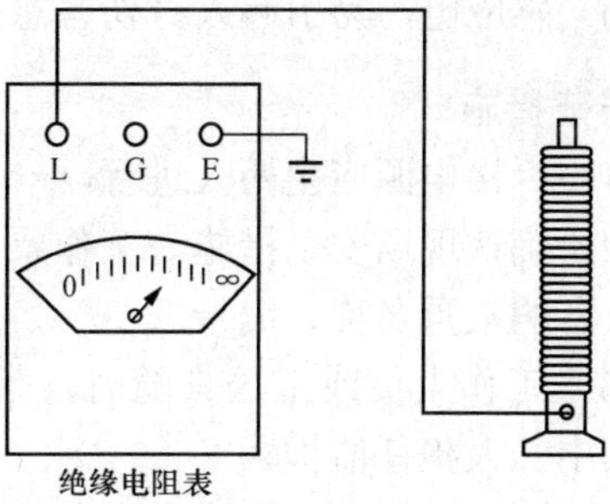

图 1-3　末屏对地绝缘电阻试验接线（底座接地）

3.2.6.2　操作要点

（1）检查绝缘电阻表工作电源显示屏是否正常（对于指针式的指示应在有效区域）。

（2）应对绝缘电阻表进行校正。当绝缘电阻表加电压空试时指示应指向无穷大；绝缘电阻表加压下将线端与接地短接，指示应回零位。

（3）测量结束或重复测量时，必须将试品通过电阻杆对地充分放电再接地，以防静电伤人。

（4）测量时应记录当时的环境温度、湿度及使用仪器等。

3.2.6.3　测量部位及技术要求

（1）测量一次绕组对二次绕组及地绝缘电阻＞3000MΩ 或初值差不超过−50%（注意值）。

（2）测量末屏对地绝缘测量＞1000MΩ（注意值）。

3.2.6.4　关键步骤的控制

（1）拆除的高压引线要与电流互感器端部保持一定的安全距离。

（2）变更试验接线时，被试绕组要对地充分放电，再接地；变更试验接线后，被试端的接地应取下，方可继续试验。

4　安全风险分析与预控

4.1　危险点 1：高处作业不正确使用安全带，易发生高空坠落

互感器引线拆、装过程中，造成高空坠落。

防范措施

（1）互感器引线拆、装应使用高空作业车或搭脚手架。

（2）高度超过 1.5m 处作业，应使用安全带。

（3）正确使用安全带（绳），严禁低挂高用或系挂在不牢固的构件上。

4.2　危险点 2：触电

检修试验时，以下情况可能造成触电：

（1）拆接电源时人员触电。

（2）误入带电间隔。

（3）二次倒送造成触电。

（4）现场使用高空作业车操作不规范造成触电。

（5）工作人员或工器具与带电部位安全距离不够，易引起放电。

（6）感应电，易引起人身伤害意外事故。

防范措施

（1）拆接电源应由两人进行，一人监护一人操作，防止人身触电事故。

（2）确认现场安全措施与工作票上所列安全措施一致；进入检修现场、攀登设备前，须核对设备的双重名称、编号。

（3）工作人员或工器具随时与带电部位保持足够的安全距离；工作必须由两人以上进行，其中一人担任监护。

（4）断开二次侧刀闸或空开，在操作把手上挂“禁止合闸，有人工作”标示牌；取下熔断器，确认无电压后，方可开始工作。

（5）现场使用高空作业车应设专人指挥、专人监护；高空作业车分臂、伸臂、转向时应与母线、变电站内设备保持足够的安全距离；带电设备区域内使用高空作业车时，车身应使用不小于 $16mm^2$ 的软铜线可靠接地。

（6）防止感应电，在设备导电部位的工作应使用临时个人保安线。

4.3 危险点 3：试验操作不当，造成人员伤害和仪器损坏

试验时，以下情况可能造成人员伤害：

（1）试验现场不设安全围栏，非试验人员进入试验场地造成触电。

（2）试验加压过程中不实行呼唱制度或执行不规范，易造成人身触电事故。

（3）试验设备接地不好对试验人员造成伤害。

（4）加压试验人员未站在绝缘垫上，对试验人员造成伤害。

（5）试验时，互感器对引线放电造成设备和人身伤害事故。

（6）进行绝缘电阻测量和直流试验后互感器未充分放电，会发生电击。

防范措施

（1）试验现场应装设遮拦或围栏，遮栏或围栏与试验设备高压部分应有足够的安全距离，向外悬挂“止步，高压危险!”的标示牌，并派人看守；被试设备两端不在同一地点时，另一端还应派人看守。

（2）加压过程中应有人监护呼唱；当出现异常情况时，应立即停止试验，降低电压，断开电源，被试品进行接地放电后再对其进行检查，查明原因后，方可继续试验。

（3）试验器具的金属外壳应可靠接地；试验仪器与设备的接线应牢固可靠。

（4）加压试验人员要站在绝缘垫上。

（5）拆除的互感器引线要与套管端部保持一定的安全距离；引线用绝缘绳绑牢。

（6）每次试验完毕应首先应断开电源（有明显的断开点）；变更试验接线或加压试验结束时，被试互感器要对地充分放电；高压试验时，每告一段落或试验结束时，应将设备对地放电数次并短路接地。

4.4 危险点 4：试验完毕没有拆除短接线和清理现场，易造成送电时短路事故

防范措施

（1）工作完毕要拆除试验时的短接线；恢复设备原有状态，清理现场，不留异物。

（2）短接线要使用专用的高压试验线。

5 管理与记录要求

（1）召开班前会和班后会。

（2）工作前编制作业指导书。

（3）开具工作票并办理相关工作手续。

6 作业案例

6.1 ×××变电站干式电流互感器例行检修

6.1.1 作业前准备

（1）工作负责人根据作业内容编制例行检修作业指导书（见第二部分）。

（2）工作负责人在生产管理系统开具工作票及安全质量控制卡（见第二部分）。

（3）整理所需工器具及材料（见第二部分）。

（4）到达现场后，经工作许可后开始工作。

6.1.2 作业中控制

（1）外观清扫检查，三相标示牌清晰完整，外绝缘表面清洁，无破损、无老化、无裂纹及放电痕迹。硅橡胶套管应特别注意检查裂纹情况。金属铁件部分无锈蚀现象，相序漆指示明显，无脱落现象。

（2）各引接线头检查，各引线接触面光滑平整，接触良好，引接线应紧固。如有过热，应清除氧化层，涂导电膏或重新紧固。

（3）二次端子箱应密封良好，同时对二次端子进行紧固及清扫，接地端应可靠接地。

（4）电流互感器除锈刷漆，除锈后应先用防锈漆再用银粉漆，刷漆应均匀。

（5）检查检修现场是否有遗留物，被检修设备是否已恢复至检修前状态。

（6）工器具清点，现场清理。

（7）填写检修记录，工作票终结。

6.1.3 作业后小结

（1）召开班后会。

（2）上传录音。

（3）工作票、安全质量控制卡归档。

6.2 ×××变电站干式电流互感器例行试验

6.2.1 作业前准备

（1）工作负责人根据作业内容编制例行试验作业指导书（见第二部分）。

（2）工作负责人在生产管理系统开具工作票及安全质量控制卡（见第二部分）。

（3）整理所需工器具及材料（见第二部分）。

（4）到达现场后，经工作许可后开始工作。

6.2.2 作业中控制

（1）测量电流互感器一次绕组的绝缘电阻，及时做好试验记录。

（2）测量电流互感器的末屏绝缘电阻，及时做好试验记录。

（3）测量电流互感器二次绕组的绝缘电阻，及时做好试验记录。

（4）介质损耗因数和电容值测试，及时做好试验记录。

（5）恢复拆除的二次接线至试验前状态，拆除试验时所连接的试验接线。

（6）工器具清点，现场清理。

（7）填写完整试验记录，工作票终结。

6.2.3 作业后小结

（1）召开班后会。

（2）上传录音。

（3）工作票、安全质量控制卡归档。

思考与练习

1．干式电流互感器例行检修试验任务下达后，现场检修试验前一个星期内，应全面了解干式电流互感器的哪些运行状态？

2．干式电流互感器检修需要检查的部件有哪些？

3．干式电流互感器例行试验有哪些项目？

4．干式电流互感器例行试验项目的试验标准？

第二部分

标准化作业文本

1 干式电流互感器例行检修标准化作业指导书

干式电流互感器例行检修作业指导书

编写：________ ________ 年 _____月 _____日

审核：________ ________ 年 _____月 _____日

批准：________ ________ 年 _____月 _____日

工作负责人：

作业日期：　　年　月　日　时至　　年　月　日　时

××××公司

1 范围

本作业指导书适用于干式电流互感器例行检修作业指导。

2 引用文件

GB 1208—2006 《电流互感器》

DL/T 727—2000 《互感器运行检修导则》

国家电网生技〔2005〕173 号 《110（66）kV～500kV 互感器检修规范》

3 检修前准备

3.1 准备工作安排

√	序号	内 容	标 准	责任人	备 注
	1	开工前三天，准备好施工所需仪器仪表、工器具、相关材料、相关图纸及相关技术资料	仪器仪表、工器具应试验合格，满足本次施工的要求，材料应齐全，图纸及资料应符合现场实际情况		
	2	根据本次作业内容和性质确定好检修人员，并组织学习本指导书	要求所有工作人员都明确本次工作的作业内容、进度要求、作业标准及安全注意事项		
	3	填写第一种工作票，在开工前一天交值班员	工作票应填写正确，并按《电业安全工作规程》执行		

3.2 人员要求

√	序号	内 容	责任人	备 注
	1	现场工作人员的身体状况、精神状态良好		
	2	外来人员必须经过负责施教人员对作业范围、安全措施、工作内容施教确认后方可参加工作		
	3	特殊工种（高空作业车、电焊工）必须持有效证件上岗		
	4	所有作业人员必须具备必要的电气知识，基本掌握本专业作业技能及《电业安全工作规程》的相关知识，并经《电业安全工作规程》考试合格		
	5	作业负责人必须经局批准		

3.3 备品备件

√	序号	名 称	规 格	单位	数量	备 注

3.4 工器具

√	序号	名　　称	规　　格	单位	数量	备　　注
	1	绝缘人字梯	5m	部	1	
	2	双控双保险安全带		套	4	
	3	个人工具箱		盒	1	工作负责人个人专用工具箱
	4	电源接线盘	220V	只	1	带漏电保护器
	5	绝缘电阻表	500V	只	1	

3.5 材料

√	序号	名　称	规　格	单位	数量	备　　注
	1	白布	—	m	2	纯棉
	2	油漆刷	1.5"	把	2	
	3	记号笔	极细	支	2	
	4	相色漆	红、绿、黄，醇酸漆	kg	0.3	各 0.1
	5	铁砂布	0 号	张	2	
	6	导电脂	—	kg	0.5	
	7	无水乙醇	99.99%	瓶	1	

3.6 危险点分析

√	序号	内　　容
	1	误入带电间隔
	2	工作人员或工器具与带电部位安全距离不够，易引起放电
	3	感应电，易引起人身伤害意外事故
	4	检修电源设备损坏或接线不规范，会引起低压触电
	5	高处作业不正确使用安全带，易发生高空坠落
	6	高压试验作业时，作业班组间协调不够，易引起人身伤害
	7	物品上下抛掷，易伤人或砸坏设备
	8	检修工作结束时，设备上有遗留物

3.7 安全措施

√	序号	内　　容
	1	1．确认现场安全措施与工作票上所列安全措施一致。 2．进入检修现场、攀登设备前，须核对设备的双重名称、编号
	2	工作人员或工器具随时与带电部位保持足够的安全距离：220kV≥3.0m，110kV≥1.5m，10kV≥0.7m。工作必须由 2 人以上进行，其中 1 人担任监护
	3	1．确认检修电源箱符合规范，并确认电压及类型正确。 2．电源接线应由 2 人以上进行，接线工艺应符合标准
	4	1．高处作业应正确使用安全带。安全带应高挂低用、禁止挂在隔离开关瓷柱上。 2．使用安全带专用挂件，应将其安装牢固、可靠

表（续）

√	序号	内　　容
	5	高压试验时检修人员应撤出试验的遮栏外，试验结束应对被试品可靠放电
	6	物品应用绳子传递，禁止抛掷。工器具应系好保险绳或做好其他防坠落的可靠措施
	7	1. 工作结束前，应全面检查设备，确保无遗留物。 2. 工作结束前，将设备恢复至工作许可时的状态

4　作业程序及作业标准

4.1　开工

√	序号	内　　容	到位人员签字
	1	工作票负责人按局、工区有关规定办理好工作票许可手续，完成三级交底工作	
	2	本作业负责人对本班工作人员进行明确分工，并确认所有工作人员正确使用劳保用品	
	3	在工作负责人带领下进入作业现场，并向所有工作人员详细交待作业任务、安全措施和安全注意事项。全体工作人员应明确作业范围、进度要求等内容，并在到位人员签字栏上分别签名	
	4	专责施教人对辅助人员（外来）按工区规定进行施教，施教内容包括：作业范围、安全措施、安全注意事项等	

4.2　检修电源的使用

√	序号	内　容	标　准	责任人签字
	1	检修电源接取位置	从检修电源箱相应试验电源接取	
	2	检修电源的配置	检修电源必须经过漏电保护器	
	3	接取电源时注意事项	1. 必须由检修专业人员接取，接取时严禁单人操作。 2. 接取电源前应先验电，用万用表确认电源电压等级和电源类型无误，从空气断路器下柱头接取。 3. 电源线要求：$2.5mm^2$ 及以上	

4.3　检修内容和工艺标准

√	序号	检修内容	工艺标准	安全措施及注意事项	责任人签字
	1	作业人员、工器具就位	设备及工器具等整齐停放	注意高空作业车作业空间，与相邻带电设备有足够的安全距离，即 220kV 不小于 6m，110kV 不小于 5m	
	2	电流互感器一次接线检查并记录	电流互感器接头检查使用高空作业车，按标准力矩检查 8 只 M12mm×60mm 螺栓和 12 只 M10mm×50mm 螺栓	高架车外壳应接好接地线，吊臂、吊斗与相邻带电设备安全距离必须满足 220kV 不小于 6m，110kV 不小于 5m。 接头检查作业使用工具袋，防止高处落物损坏设备瓷裙，严禁上下抛掷物品，作业人员应正确使用安全保险带	
	3	外观清扫、硅橡胶检查	互感器外表硅橡胶无损坏，金属外壳无锈蚀，清洁	作业人员应正确使用安全保险带	

表（续）

√	序号	检修内容	工艺标准	安全措施及注意事项	责任人签字
	4	二次接线及接线板检查	按标记或按图纸要求检查搭接，接线正确、可靠、密封良好	防止进水	
	5	对整个检修进行全面自验收	对每道工序从头至尾自验收一遍，严把质量关		
	6	检查现场安全措施	临时保安线已拆除，现场安全措施与工作所载相符		
	7	设备状态恢复	恢复到工作许可时状态		

5 竣工

√	序号	内容	责任人员签字
	1	清理工作现场，将工器具全部收拢并清点，废弃物按相关规定处理，材料及备品备件回收清点	
	2	按相关规定，关闭检修电源	
	3	做好检修记录，记录本次检修内容，反措或技改情况，有无遗留问题	
	4	会同验收人员对各项检修项目进行验收	
	5	会同验收人员对现场安全措施及检修设备的状态进行检查，要求恢复至工作许可时状态	
	6	经全部验收合格，做好检修记录后，办理工作票结束手续	

6 验收记录

自验收记录	记录改进和更换的零部件	
	存在问题及处理意见	
验收单位意见	检修班组自评价及签字	
	检修部门验收意见及签字	
	运行单位验收意见及签字	
	生技部验收意见及签字	

7 作业指导书执行情况评估

评估内容	符合性	优		可操作项	
		良		不可操作项	
	可操作性	优		建议修改项	
		良		遗漏项	
存在问题					
改进意见					

干式电流互感器例行试验作业指导书

编写：__________ __________ 年 ______月 ______日

审核：__________ __________ 年 ______月 ______日

批准：__________ __________ 年 ______月 ______日

工作负责人：

作业日期： 年 月 日 时 至 年 月 日 时

××××公司

1 范围

本作业指导书适用于干式电流互感器例行试验。

2 引用文件

GB 1208—2006　　　《电流互感器》
Q/GDW 168—2008　《输变电设备状态检修试验规程》

3 准备工作

3.1 准备工作安排

√	序号	内　容	责任人	备　注
	1	检修工作前15天做好检修摸底工作，并在检修工作前按照调度及通信规程规定的通信检修申请要求提交相关检修申请		
	2	组织作业人员学习作业指导书，使全体作业人员熟悉作业内容、进度要求、作业标准、安全注意事项		
	3	作业成员应掌握设备技术原理、基本参数，主要运行指标		
	4	网管作业人员应熟悉所巡视网络管理系统的相关知识并能熟练操作网管		
	5	准备好施工所需仪器仪表、工器具、通信设备的最新电路资料、相关材料、相关图纸、上一次试验报告、及相关技术资料		
	6	根据现场工作时间和工作内容落实工作票		
	7	测试前应对相关仪表进行测试，确保仪表及测试线良好		

3.2 人员要求

√	序号	内　容	责任人	备　注
	1	现场工作人员的身体状况、精神状态良好		
	2	外来人员必须经过负责施教人员对作业范围、安全措施、工作内容施教确认后方可参加工作		
	3	特殊工种（高空作业车、电焊工）必须持有效证件上岗		
	4	所有作业人员必须具备必要的电气知识，基本掌握本专业作业技能及《电业安全工作规程》的相关知识，并经《电业安全工作规程》考试合格		
	5	工作班成员不少于2人，其中至少1人具备工作负责人资格		

3.3 仪器仪表、工具及材料

√	序号	名　称	规　格	单位	数量	备　注
	1	绝缘电阻表		台	1	
	2	介质损耗测试仪		台	1	

表（续）

√	序号	名　称	规　格	单位	数量	备　注
	3	电源盘		个	1	
	4	工具箱		箱	1	
	5	安全带		条	3	
	6	防滑绝缘梯子		架	1	
	7	干湿温度计		台	1	
	8	计算器		台	1	
	9	试验记录本		本	1	
	10	线包		个	2	
	11	白布		件	2	
	12	红马甲		件	1	
	13	录音笔		支	1	
	14	放电棒		支	1	
	15	绝缘手套		副	1	
	16	绝缘垫		块	1	
	17	安全围网及标示牌		套	1	
	18	数字式万用表		只	1	

3.4 危险点分析

√	序号	内　容
	1	雷雨天气进入室外变电场工作，当变电场遭受雷电入侵，人身可能受反击过电压、跨步电压和接触电压伤害
	2	空气湿度大于 80%时加压试验可能造成绝缘损坏
	3	作业人员进入作业现场不戴安全帽，不穿工作服，不穿绝缘鞋可能会发生人员伤害事故
	4	作业人员进入作业现场可能会发生走错间隔及与带电设备保持距离不够情况
	5	试验时解开接地开关（线）未告知运行人员，试验后没有及时地恢复，可能发生人员伤害事故
	6	加压时无人监护，可能会造成误加压或非试验人员误入试验场地，造成触电
	7	加压过程中不实行呼唱制度或执行不规范，易造成人身触电事故
	8	试验设备接地不好，可能会对试验人员造成伤害
	9	加压试验人员未站在绝缘垫上，可能会对试验人员造成伤害
	10	进行绝缘电阻测量后不对试品充分放电，会发生电击
	11	拆接电源时或试验完毕时未断开电源，容易发生人身触电事故
	12	工作人员精神状态不良，或工作中使用通信设备等，精力分散易造成人身伤害
	13	试验完毕没有拆除短路接线和清理现场，易造成送电时短路事故
	14	工作现场搬运梯子等长物易发生人身触电事故，架梯不当滑落易造成人身伤害

3.5 安全措施

√	序号	内　　容
	1	雷雨天气禁止进入室外变电场工作
	2	空气湿度大于 80%时严禁高压试验
	3	作业人员进入作业现场必须戴安全帽，穿工作服，穿绝缘鞋
	4	进入现场时，先将工作现场设备双重编号与工作票上工作内容设备安全编号核对无误，并检查安全措施完善
	5	试验前要先经运行值班负责人同意，才能断开被试设备的接地开关（接地线），试验后及时恢复
	6	加压过程中应有专人监护
	7	加压过程中应有人监护呼唱
	8	试验器具的金属外壳应可靠接地，试验仪器与设备的接线应牢固可靠
	9	加压试验人员要站在绝缘垫上
	10	变更试验接线时，被试绕组要对地充分放电
	11	拆接电源要两人进行，一人监护一人操作，每次试验完毕应首先应断开电源
	12	工作人员精神状态不良不准参加试验工作，工作期间严禁使用通信设备（工作需要除外）
	13	工作完毕要拆除试验时的短接线，短接线要使用专用的高压试验线，恢复设备原有状态，清理现场，不留异物
	14	工作现场搬运梯子等长物应两人放倒搬运，架梯应与地面成 60°，并有人扶持

3.6 人员分工

√	序号	试　验　项　目	作　业　人　员
	1	外观检查	
	2	绝缘电阻测试	
	3	介质损耗因数和电容值测试	

4 试验程序

4.1 开工

√	序号	内　　容	到位人员签字
	1	工作票负责人按局有关规定办理好工作票许可手续	
	2	工作票负责人对本班工作人员进行明确分工，并在开工前检查确认所有工作人员正确使用劳保用品	
	3	工作票负责人带领进入作业现场并在工作现场向所有工作人员详细交待作业任务、安全措施和安全注意事项、设备状态及人员分工，全体工作人员应明确作业范围、进度要求等内容，并在到位人员签字栏内分别签名	

4.2 试验内容和标准

√	序号	作业内容	作业标准	安全措施及注意事项
	1	外观检查	高压引线、接地线等连接正常；复合绝缘外套无电蚀痕迹或破损；外绝缘无污秽，如有应清扫；设备底座可靠接地；设备无锈蚀	

表（续）

√	序号	作业内容	作业标准	安全措施及注意事项
	2	绝缘电阻测试	一次绕组对二次绕组及地的绝缘电阻大于 3000MΩ 或初值差不超过-50%（注意值）。末屏对地绝缘测量大于 1000MΩ（注意值）	拆除的高压引线要与电流互感器端部保持一定的安全距离。变更试验接线时，被试绕组要对地充分放电，再接地；变更试验接线后，被试端的接地应取下，方可继续试验
	3	介质损耗因数及电容量测试	一次绕组对末屏介质损耗因数不大于 0.5%（注意值），电容量初值差不超过±5%（警示值）	拆除的高压引线要与电流互感器端部保持一定的安全距离，并固定好。电流互感器上严禁有其他工作人员作业，并取得试验负责人许可，方可加压，加压过程中应有人监护并呼唱。变更接线或试验结束时，应首先断开试验电源。试验结束后要检查末屏确已恢复接地

4.3 竣工

√	序号	内　　容	责任人员签字
	1	拆除试验临时电源接线	
	2	检查被试设备上有无遗留工器具和试验用导地线	
	3	将被试设备的一、二次接线恢复正常	
	4	清点工具，清理试验现场，拆除试验临时安全围栏	
	5	向运行人员报告被试设备试验结果	
	6	办理工作票终结手续	

5 信息记录

试验类型	试验内容	信　息　情　况
红外测温	高压引线连接处	
	本体	
在线监测	实时数据、曲线趋势	
停电情况	历年数据	

6 试验总结

序号	试　验　总　结	
1	试验结果	
2	存在问题及处理意见	

7 作业指导书执行情况评估

评估内容	符合性	优		可操作项	
		良		不可操作项	
	可操作性	优		建议修改项	
		良		遗漏项	
存在问题					
改进意见					

3 干式电流互感器例行检修安全质量控制卡

班组作业安全质量控制卡

作业名称：××班 ×× 变电站 110kV×× 间隔电流互感器例行检修

工作负责人编写：____________审核：____________批准：____________

作业性质：______计划时间：__年__月__日__时__分至__年__月__日__时__分

1 作业前

1.1 作业前内业准备

序号	名称	规格	单位	数量	确认
1. 现场勘察　　勾选：□已勘察　□无需勘察 * 确认栏内需签字确认					
2. 工器具					
2.1	标准工器具	详见例行检修作业物品表	套	1	
2.2	仪器	详见例行检修作业物品表	套	1	
2.3	作业车辆	详见例行检修作业物品表	套	1	
2.4	梯类	详见例行检修作业物品表	套	1	
2.5	其他	详见例行检修作业物品表	套	1	
3. 材料					
3.1	材料	详见例行检修作业物品表	套	1	
4. 防护用品					
4.1	防护用品	详见例行检修作业物品表	套	1	
5. 作业文件					
5.1	工作票编号				
5.2	作业文件：说明书、图纸、历史检修、试验记录、设备台账资料、现场一次接线图（作业区域带电部位标红）。				
5.3	空白例行检修报告单一份				
6. 其他（录音笔、红马甲）					

1.2 出工准备

序号	名　　称	确认
1	班组班前会	
2	出工三检查、独木桥制度	

2 作业中

2.1 作业组班前会

2.1.1 本作业危险点分析及安全措施交底

序号	危险点分析	安全控制措施	确认
1	登高作业可能发生人员坠落	高处作业应系好安全带及尾绳，安全带及尾绳经校验合格，且系挂在牢固的构架上，严禁将安全带系挂在TA的绝缘子上。绝缘梯应专人扶持，专梯专用，并与牢固的构架绑扎牢固	
2	高空作业车作业时可能引起感应电伤人或其他事故	吊车、高空作业车等车辆应完好，作业前应可靠接地。各种特种作业人员均应持有效的特种作业证件。作业过程中应有专人指挥和监护，并与120kV带电部位保持5m及以上的安全距离	
3	工作前不核对设备名称、编号、工作地点、带电部位造成误入临近带电间隔，跨越临时遮栏造成触电	工作前应认真核对设备名称、编号、工作地点、带电部位，不得误入临近带电间隔，跨越和随意移动临时遮栏	
4	一次引线拆、接过程中，击伤人员或附件	使用传递绳或绝缘杆传递引线，拆除后应及时绑扎牢固	
5	电动工具使用中触电	电动工具外壳必须可靠接地	
6	二次回路拆、接过程中，造成短路或失地	使用带有绝缘包扎的工器具。拆线前做好标记，随拆随进行绝缘包扎。接回时，应由第二人进行复查	
7	接拆检修电源工作中低压触电	接拆施工电源时应使用绝缘工器具，拆接线前应确认电源确已断开，接线裸露部分小于5mm	
8	TA接地不良，造成设备损坏	TA应可靠地接地	

2.1.2 其他班组间配合或交叉作业危险点分析及安全措施交底

序号	相关班组	危险点分析	安全控制措施	确认
1	高试班	对设备进行加压试验时，可能造成对其他班组人员触电伤害	试验现场应装设遮栏或围栏，悬挂“止步，高压危险！”的标示牌，严禁非试验人员进入试验现场。高压试验前，高压试验负责人应与本工作负责人及其他班负责人互相协调，试验时应有专人监护，确保检修人员已撤离试验区域	
2	检修班	高空作业车作业时斗臂下站人或随意穿行，且无专人指挥，可能造成伤人	高空作业车作业时臂、斗下严禁站人，高空作业车使用时，应有专人指挥。现场负责人应通知其他有关班组停止工作	

2.1.3 安全措施确认

我已知晓上述工作地点、工作内容、停电范围、作业分工、危险点及安全控制措施，精神状态良好。 确认签字：

2.2 关键工序安全质量控制

序号	关键工序	质量、安全控制	确认
110kV 干式电流互感器例行检修			
1	外观清扫检查	三相标示牌清晰完整，外绝缘表面清洁，无破损、无老化、无裂纹及放电痕迹。金属铁件部分无锈蚀现象，相序漆指示明显无脱落现象。高处作业可能产生高空坠落，登高时应正确使用安全带，使用梯子应有专人扶持。高空作业车作业前应可靠接地，车内工作时应系好安全带，并有专人监护	
2	各引接线头检查	各引线接触面无裂痕，光滑平整，接触良好，引接线头螺丝紧固无松动过热现象，接线应紧固	
3	检查互感器二次接线盒、末屏接地	二次端子箱防火封堵应密封良好，末屏接地良好	
4	TA 本体接地检查	应可靠接地	
5	其他常态维护（相色油漆、除锈补漆、热缩包扎、缺陷处理）	除锈后应先用防锈漆再用银粉漆，刷漆应均匀，相色漆应正确美观。登高时应正确使用安全带，使用梯子应有专人扶持。高空作业车作业前应可靠接地，车内工作时应系好安全带，并有专人监护	
6	检查检修现场是否有遗留物，被检修设备是否已恢复至检修前状态	无遗留物，检修设备已恢复至检修前状态	

2.3 作业验收

2.3.1 检修人员验收

序号	验　收　内　容	确认
1	外观检查	
2	各引接线头检查	
3	TA 本体、末屏接地检查	
4	检查检修现场是否有遗留物，被检修设备是否已恢复至检修前状态	
工作负责人验收签字：		

2.3.2 运维人员验收

运维人员验收： 检修记录已登记，现场已验收合格。　　　　运维人员确认签字：

2.4 作业组班后会

序号	项　　目	确认
1	作业组班后会	
2	存在问题及措施：	

3 作业后

3.1 作业后内业工作

序号	项　目	内　容	确认
1	生产管理系统流程运转	缺陷推进、检修记录编写上传、完成时限填写、设备作业后评价	
2	录音上传	工作票录音	
3	作业文件归档	安全质量控制卡、工作票、报表	

3.2 作业评价

评价情况：经检查，本控制卡____________，存在____问题，已向____________提出。

检查人：____________

____年____月____日

4 干式电流互感器例行试验安全质量控制卡

班组作业安全质量控制卡

作业名称： ××班220kV×××变电站×××电流互感器例行试验

工作负责人编写：＿＿＿＿＿审核：＿＿＿＿＿批准：＿＿＿＿＿

作业性质： 多专业作业

计划时间：＿年＿月＿日＿时＿分至＿年＿月＿日＿时＿分

1 作业前

1.1 作业前准备

序号	名 称	规 格	单位	数量	确认
1. 工器具					
1.1	绝缘电阻表	标准	套	1	
1.2	介质损耗测试仪	标准	套	1	
2. 防护用品					
2.1	成套安全工器具箱	标准	套	1	
3. 作业文件					
3.1	工作票编号				
3.2	作业文件（历史试验记录、试验标准等）				
4. 其他（录音笔、红马甲）					

1.2 出工前准备

序号	名 称	确认
1	班组班前会	
2	出工三检查	

2 作业中

2.1 作业组班前会

2.1.1 本作业危险点分析及安全措施交底

序号	危险点分析	安全控制措施	确认
1	作业人员在无人监护情况下进入作业现场可能会走错间隔或与带电设备的安全距离不够	现场试验工作必须严格执行工作票制度、工作许可制度、工作监护制度、工作间断、转移和终结制度，工作前应认真核对设备名称、编号、工作地点，不得移开或越过安全遮栏	
2	不设安全围栏，可能会使非试验人员进入试验场地，造成触电	试验现场装设安全遮栏或围栏，遮栏或围栏与试验设备高压部分应有足够的安全距离，向外悬挂“止步，高压危险”的标示牌，并有专人监护，严禁非试验人员进入试验现场	

表（续）

序号	危险点分析	安全控制措施	确认
3	试验设备接地不良会对试验人员造成伤害	非金属外壳的仪器，应与地绝缘；金属外壳的仪器和电流互感器外壳应接地。试验装置的电源开关，应使用有明显断开点的双极隔离开关，并有可靠的过载保护装置	
4	加压时无人监护，可能会造成误加压或非试验人员误入试验场地造成触电	试验过程应有专人监护并呼唱，当出现异常情况时，应立即停止试验，对被试品进行接地放电后再对其进行检查，查明原因后，方可继续试验	
5	变更试验接线或加压试验结束时，没有对试品进行充分放电可能会发生电击	变更试验接线或加压试验结束时，应首先断开试验电源、先用电阻放电，然后接地，并将升压设备的高压部分放电、短路接地。对于未安装接地线的大容量被试设备，实验前应充分放电，高压直流试验时，每告一段落或试验结束时，应将试品通过电阻放电然后接地	
6	登高作业可能会发生高空坠落	登高作业，应正确使用安全带，禁止安全带低挂高用	
7	工作结束后，设备未恢复到许可前状态造成设备损坏、人身伤害	试验结束后，试验人员应对被试设备进行检查和清理现场，应特别注意检查设备上有无遗留工器具和临时安装的接地线，并将被试设备恢复到许可前状态	

2.1.2 其他班组间配合或交叉作业危险点分析及安全措施交底

序号	相关班组	危险点分析	安全控制措施	确认
1	检修班、电气试验班	人身触电	高压试验前，应与其他班负责人互相协调，试验时应有专人监护，在进行高压试验后应对试品充分放电	
2	检修班、电气试验班	机械伤害	试验前试验人员和检修人员应配合好；进行试验时，应通知非试验人员离开试验设备	

2.1.3 安全措施确认

我已知晓上述工作地点、工作内容、停电范围、作业分工、危险点及安全控制措施，精神状态良好。 确认签字：

2.2 关键工序安全质量控制

序号	关 键 工 序	质量安全控制	确认
1	绝缘电阻测试	一次绕组：＞3000MΩ或初值差不超过−50%（注意值）。 末屏对地：＞1000MΩ（注意值）	
2	介质损耗因数和电容值测试	1．电容量初值差不超过±5%（警示值）。 2．介质损耗因数（固体绝缘）不大于0.005（注意值）	

2.3 作业验收

2.3.1 检修人员验收

序号	验 收 内 容	确认
1	试验项目是否已全部完成	

表（续）

序号	验 收 内 容	确认
2	工作场地的卫生清洁工作是否已完成，全部工器具是否已全部收回	
3	检查被测设备是否有遗留物，被测试设备是否已恢复至试验前状态	
4	工作负责人验收签字：	

2.3.2 运维人员验收

运维人员验收： 运维人员确认签字：______

2.4 作业组班后会

序号	项 目	确认
1	作业组班后会	
2	存在问题及措施：	

3 作业后

3.1 作业后内业工作

序号	项 目	内 容	确认
1	生产管理系统流程运转	报表编写上传、完成时限填写、完成设备作业后评估	
2	录音上传	工作票录音	
3	作业文件归档	安全质量控制卡、工作票、报表	

3.2 作业评价

评价情况：经检查，本控制卡____________，存在____________________问题，已向__________________________提出。

检查人：________________

____年___月___日

5 变电站电气第一种工作票

××变电站电气第一种工作票

编号：××-BB-B1-×××-××××-××××

1．部门：××××××　工作班组：××班　工作负责人：李××

2．工作班人员：陈×、何××、黄××　共 3 人

3．工作任务：

工作地点	工作内容
××变 110kV 户外开关场地 110kV××线 189 断路器、电流互感器、线路电压互感器及避雷器处	110kV 开关场地 110kV××线 189 断路器、电流互感器、线路电压互感器及避雷器例行检修试验

4．计划工作时间：自 ×× 年 × 月 × 日 × 时 × 分至 ×× 年 × 月 × 日 × 时 × 分

5．安全措施：

电气接线图或必要时可附页绘图说明。

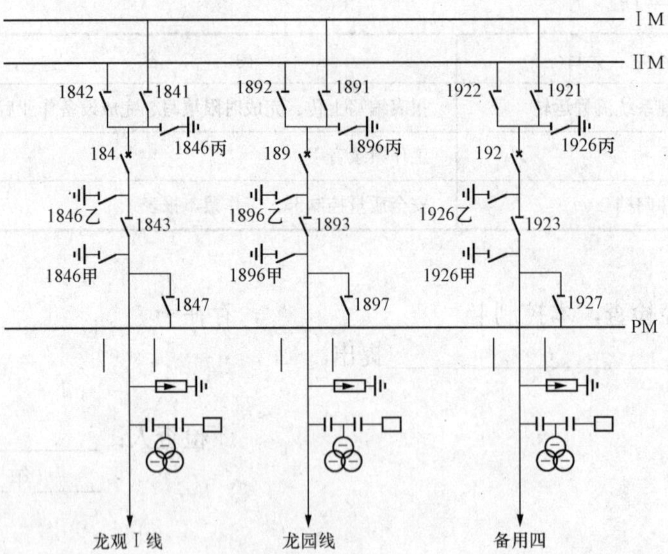

许可前由工作许可人会同工作负责人到现场逐项检查核对后在已执行栏打 √。

序号	应断开的断路器、隔离开关，应取下的熔丝，应解除的继电保护连接片等（包括填写前已断开、取下、解除的）注明编号	已执行
1	断开 189 断路器及其控制、合闸电源	√
2	断开 1891 隔离开关及其电动操作电源	√
3	断开 1892 隔离开关及其电动操作电源	√
4	断开 1893 隔离开关及其电动操作电源	√

表（续）

序号	应断开的断路器、隔离开关，应取下的熔丝，应解除的继电保护连接片等（包括填写前已断开、取下、解除的）注明编号	已执行
5	断开 1897 隔离开关及其电动操作电源	√
6	断开 110kV××线 189 线路电压互感器二次侧电源	√
7	查 110kV××线 189 线路对侧线路转检修	√
序号	应装接地线、应合接地开关（注明接地线具体位置，并留出空位由许可人注明接地线编号）	已执行
1	合上 1896 甲接地开关	√
2	合上 1896 乙接地开关	√
3	合上 1896 丙接地开关	√
序号	应设遮栏、应挂标示牌及防止二次回路误碰等措施	已执行
1	在 189 断路器及 1891、1892、1893、1897 隔离开关各操作把手上悬挂“禁止合闸，有人工作”标示牌	√
2	用安全围网圈围 110kV 户外开关场地 110kV××线 189 断路器间隔工作场地，并朝里悬挂“止步，高压危险”标示牌，将安全围网围至邻近道路旁，并在出入口放置“从此进出”标示牌	√
3	在工作地点置“在此工作”标示牌	√

工作地点保留带电部分（或注意事项） 签发人或工作负责人填写	补充工作地点保留带电部分和安全措施 许可人填写
110kV Ⅰ段、Ⅱ段、旁路母线均在运行中	110kV Ⅰ段、Ⅱ段、旁路母线均在运行中
110kV××线 1891 隔离开关靠 110kV Ⅰ段母线侧带电	110kV××线 1891 隔离开关靠 110kV Ⅰ段母线侧带电
110kV××线 1892 隔离开关靠 110kV Ⅱ段母线侧带电	110kV××线 1892 隔离开关靠 110kV Ⅱ段母线侧带电
110kV××线 1897 隔离开关靠 110kV 旁路母线侧带电	110kV××线 1897 隔离开关靠 110kV 旁路母线侧带电

二次工作安全措施票（票号）：____________________

工作票签发人签名：×××　签发日期：××年×月×日×时×分

收到工作票时间：××年×月×日×时×分　值班人员签名：×××

6．确认本工作票 1～5 项

许可开始工作时间：××年×月×日×时×分

工作许可人签名：×××　　工作负责人签名：×××

7．工作人员变动：

增添人员姓名	日	时	分	工作负责人签名	离去人员姓名	日	时	分	工作负责人签名

8．工作负责人变动：

原工作负责人____________离去，变更____________为工作负责人。

变动时间：____年____月____日____时____分　工作票签发人签名：____________

9. 工作票延期：有效期延长到：______年______月______日______时______分

工作负责人签名：____________　值长或值班负责人签名：____________

10. 每日开工和收工时间（使用一天的工作票不必填写）

收工时间				工作负责人	工作许可人	开工时间				工作许可人	工作负责人
月	日	时	分			月	日	时	分		

11. 工作结束：设备及安全措施已恢复至开工前状态，现场已清理完毕，工作班成员已全部撤离。全部工作于××年×月×日×时×分结束。

工作负责人签名：×××　工作许可人签名：×××

12. 工作票终结：临时遮栏、标示牌已拆除，常设遮栏已恢复。接地线编号××等共×组、接地开关（小车）共3副（台）未拆除或拉开，已汇报调度员。

工作许可（当值）人签名：×××　时间：××年×月×日×时×分

13. 备注：

（1）检修工作中允许试分合的设备：

允许试分合的设备	解锁执行人	解锁时间	操作人	监护人	操作设备时间

（2）工作负责人指定专责监护人：

第一组 ____________ 负责监护____________________

第二组 ____________ 负责监护____________________

第三组 ____________ 负责监护____________________

（3）其他补充安全措施：①注意与设备带电部分保持足够的安全距离，即110kV不小于1.5m。②不得误碰和攀爬运行中的设备。③高处作业应正确使用安全带。④防止机械伤害。⑤高压试验时，无关人员应撤离现场，并将“止步，高压危险”标示牌　朝外悬挂，标示牌在试验后恢复。⑥高压试验时应指定专人监护。

（4）其他事项：________________________________

14. 交任务、交安全措施确认：我对工作负责人布置的工作任务及安全措施已明白无误，所有安全措施已能确保我的工作安全。

工作班人员签名：___×××、×××、×××___________________________________

15．评价情况：经检查本票为______票。存在____问题，已向___________指出。

检查人：______________

_____年____月____日

思考与练习答案

1．答：应了解以下运行状态：

（1）设备定期和动态评价的状态及其检修策略。

（2）近期运行巡视情况。

（3）试验周期内设备故障情况。

（4）缺陷与消缺情况。

（5）红外检测情况。

（6）在线监测（带电测试）情况。

（7）根据干式电流互感器运行状态来确定是否增加诊断性试验项目。

2．答：检修应检查以下项目：

（1）高压引线、接地线等连接是否正常。

（2）复合绝缘外套有无电蚀痕迹或破损。

（3）外绝缘有无污秽，如有应清扫。

（4）设备底座是否可靠接地。

（5）设备是否锈蚀。

3．答：干式电流互感器例行试验项目有绝缘电阻测试、介质损耗因素及电容量测试。

4．答：根据 Q/GDW 168—2008《输变电设备状态检修试验规程》的规定，试验标准如下：

例行试验项目	要　　求
绝缘电阻	1．一次绕组：＞3000MΩ 或初值差不超过–50%（注意值）。 2．末屏对地：＞1000MΩ（注意值）
介质损耗因数（20℃）	1．电容量初值差不超过±5%（警示值）。 2．介质损耗因数应不大于 0.5%（注意值）